A ORAÇÃO DA IRMÃ JOSEFA

Catalogação na Fonte
Elaborado por: Dayanne Leal Souza
Bibliotecária CRB 9/2162

M488o 2025

Medeiros, Walter
A oração da Irmã Josefa / Walter Medeiros. – 1. ed. – Curitiba: Appris, 2025.
86 p. ; 21 cm.

ISBN 978-65-250-8698-9

1. Freira. 2. Oração. 3. Superação. 4. Igreja. 5. Solidariedade. I. Medeiros, Walter. II. Título.

CDD – 248.894 3

Editora e Livraria Appris Ltda.
Av. Manoel Ribas, 2265 – Mercês
Curitiba/PR – CEP: 80810-002
Tel. (41) 3156 - 4731
www.editoraappris.com.br

Printed in Brazil
Impresso no Brasil

WALTER MEDEIROS

A ORAÇÃO DA IRMÃ JOSEFA

artêra
editorial

Curitiba, PR
2025

FICHA TÉCNICA

EDITORIAL	Augusto V. de A. Coelho Sara C. de Andrade Coelho
COMITÊ EDITORIAL	Ana El Achkar (Universo/RJ) Andréa Barbosa Gouveia (UFPR) Jacques de Lima Ferreira (UNOESC) Marília Andrade Torales Campos (UFPR) Patrícia L. Torres (PUCPR) Roberta Ecleide Kelly (NEPE) Toni Reis (UP)
CONSULTORES	Luiz Carlos Oliveira Maria Tereza R. Pahl Marli C. de Andrade
SUPERVISORA EDITORIAL	Renata C. Lopes
PRODUÇÃO EDITORIAL	Maria Eduarda Paiz
REVISÃO	Iara Albuquerque
DIAGRAMAÇÃO	Renata Miccelli
CAPA	Eneo Lage
REVISÃO DE PROVA	Emily Pinheiro

Sumário

I

Pirangi

O sol de Pirangi descia no alto da duna, deixando na praia uma sombra acolhedora. As duas amigas conversavam emocionadamente sobre suas vidas. À beira-mar, os familiares de dona Nilza brincavam, enquanto outros tomavam banho na água morna. Sentadas naqueles belos arrecifes, elas eram fotografadas para Josefa levar lembranças daquele encontro tão raro, que se dava com uma distância de mais de dez anos.

Havia dez dias que estavam curtindo as belezas daquele local, numa casa muito aconchegante. Ali, sentiam bem a natureza, com as flores e árvores, onde pousavam, cantavam e passavam os passarinhos, que faziam aquela sinfonia. Ao mesmo tempo, viam a lua se deslocando deslumbrantemente, em meio às estrelas, realçadas pelo ar límpido do verão.

Josefa trouxera consigo um senhor de nome Arthur, e Sofia, a filha de uma amiga; uma bela jovem, que estava quase extasiada com tanta beleza. Amava cada momento vivido naquele ambiente, cercada da atenção dos amigos. Nada lhe faltava. Até as suas músicas preferidas podia ouvir no amplo alpendre, deitada numa das redes armadas ao vento.

Voltaram para casa e jantaram belos pratos da culinária praieira. Depois, alguns foram para o alpendre, outros preferiram a varanda do primeiro andar. Em um cantinho isolado, as duas amigas conversavam sobre o passado, parte dele tão distante, porém guardada na mente, como se fossem pitadas do tempo depositadas em um cofre imaginário, dentro de seus corações.

Nilza era a maior amiga de Josefa. Se ela tivesse de segredar algo, seria mesmo a ela que faria. Havia tempos que Josefa achava que devia contar a uma amiga um segredo, algo que ninguém poderia imaginar. Sabia que deixaria a amiga muito surpresa, talvez chocada, mas achava que precisava dividir com alguém aquela parte de sua história. Mas tomou coragem e prometeu que contaria, não sem antes narrar toda sua trajetória até aquele momento.

II

Freira

Sob o sol quente daquela antiga cidade do sul da França, uma freira seguia e tomava a estrada, pedalando uma bicicleta, levando uma grande mochila no bagageiro. Seguia toda feliz, respirando o ar daquela região, que, mais de mil anos atrás, pertencia ao Império Romano. Ali perto, eles construíram a monumental Ponte do Gard. Indiferente às inúmeras histórias vividas pelos que habitaram posteriormente as cidades medievais que se espalhavam em um grande raio, com imponentes castelos, ela prestava serviços à comunidade.

No convento, a tranquilidade e a beleza das orações e do cotidiano permanecem entre as Irmãs Franciscanas, muitas delas com mais de noventa anos de idade. Uma jovem ativa e trabalhadora chamava atenção e agradava a todos com sua disposição para cumprir qualquer tarefa. Nada para ela era difícil. Ela gostava do local e sentia nele uma verdadeira paz celestial. Elas cuidavam de pessoas idosas com o maior carinho e respeito, atendendo a todas as necessidades. Haviam escolhido aquela nobre missão e, em nenhum momento, se arrependiam. Sentiam-se próximas de Deus.

Curiosa e aventureira, a freira queria conhecer as pessoas e saber as histórias das famílias. Numa dessas viagens de bicicleta, parou em frente a um vasto campo de girassóis e ficou observando a beleza da planície. Aproximou-se um rapaz solícito, com jeito de agricultor, e indagou:

— Belo, não?

— Sim, muito belo. Eu adoro esta paisagem.

O rapaz chamava-se Arthur e percebeu que ela tinha um sotaque diferente no francês que falava, voltando a dialogar.

— Você não é francesa?

— Não, sou brasileira.

— Do Brasil? Tenho muita curiosidade para saber coisas do Brasil. É o país do futebol.

— Sim, mas não é só do futebol.

— Eu sei. Mas como você veio parar aqui?

— Ah, isto é uma longa história.

— Nem sei seu nome ainda – interrompeu Arthur.

— Josefa – respondeu.

Josefa distraiu-se e esqueceu o que tinha para fazer na cidade. Ficou conversando com o rapaz. Contou a história daquela vendedora de cocadas, que tanto insistiu até que, um dia, Dona Lourdes — mulher abastada da região Nordeste do Brasil — teve de mudar-se para o Rio de Janeiro. Precisava de alguém para cuidar da casa e não queria qualquer pessoa. Lembrou-se de Josefa e a convidou. Ela nem pensou duas vezes. Embarcou.

A vida na casa de Dona Lourdes, porém, não era o que Josefa esperava. Pouco tempo depois, começaram os problemas. Os filhos dela eram uns pestinhas. Mal-educados, perversos, mesmo. Inconformada, porém humilde e serena, Josefa preparava-se para dar a volta por cima, apesar de ser semianalfabeta. Todo domingo, ela ia à missa e se interessava bastante pela Igreja. Achava tudo muito bom, bonito e tranquilo. Sempre dava um jeitinho de escapar e demorar mais. Toda curiosa, olhava as dependências do templo, que tinha anexo um convento de freiras. Começou a se aproximar das freiras, como quem não quer, e querendo. Um dia, criou coragem e pediu para trabalhar ali. A superiora indagou o motivo, e ela explicou que não estava sendo bem tratada. Aos poucos, foi se envolvendo, até que um dia virou irmã franciscana.

— Eu sou de um estado brasileiro chamado Rio Grande do Norte. Fui para o Rio de Janeiro e lá ingressei na Congregação. Acontece que a Congregação foi extinta no Brasil, e eu só tinha duas opções: voltar para a minha terra ou acompanhar as irmãs. O resto, dá para você perceber. Faz um ano que estou aqui.

— Oh, e está gostando da França?

— Sim, gosto muito, embora conheça pouca coisa, ainda.

— Bem, eu moro naquela propriedade. Se precisar de alguma coisa, é só me procurar. Aliás, quero que você me procure, mesmo sem precisar. Passe lá em casa para conhecer meus pais e tomar um chá.

Josefa afirmou que passaria qualquer dia. E seguiu seu caminho.

III

Comunidade

O encontro com aquele rapaz reavivou na mente de Josefa a ideia de fazer novos amigos, pois ela tinha tudo o que precisava para atender às suas necessidades. As freiras esperavam que ela se ambientasse com toda a comunidade, para que, a cada dia, se dedicasse completamente à vida religiosa. Achavam que ela era uma pessoa muito boa e alimentavam a ilusão de vê-la enclausurada. Elas eram muito boas para Josefa. Ainda um tanto ingênua, Josefa tinha o maior respeito e não pensava, nem de longe, em fazer algo que aborrecesse as Irmãs.

Na primeira oportunidade que teve, voltou ao campo de girassóis. Contemplava, emocionada, o movimento na fazenda vizinha. Até que criou coragem para se aproximar. Entrou lentamente pela extensa alameda, chegando à casa, toda feita de pedras. Seu relógio marcava quinze horas e alguns minutos. Da casa saiu um casal simpático, que a atendeu e informou que Arthur estava para chegar. Ela percebia que a atenção se dava principalmente pelo hábito que usava. Discretos, os pais dele nem perguntaram o que ela queria com o rapaz. Mandaram-na ficar à vontade e aguardar.

Arthur vira de longe a jovem chegar e apressou o passo. Nem bem ela se acomodou numa cadeira da varanda, ele entrou.

— Boa tarde.

— Boa tarde, como está? – perguntou Josefa.

— Bem, você veio mesmo, não é?

— Sim. Achei que poderíamos conversar mais. Tenho poucas pessoas com quem conversar.

— Certo. Vamos tomar um chá com biscoitos logo que mamãe faça, não é, mamãe?

— É, meu filho – disse a mãe, com um olhar de interrogação e impaciência.

— Ah, mamãe, desculpe, quero apresentar Josefa, uma amiga lá da Congregação. Ela faz um trabalho na cidade, e nos encontramos semana passada ali na estrada.

Apresentou Josefa à mãe e ao pai. Dona Joana foi preparar o chá e seu Jacob ficou na sala.

— Vamos conversar ali no pátio; é melhor.

Saíram, e ela logo explicou que tinha recebido uma folga para passear livremente pelos campos. Disse que amava aquelas paisagens bucólicas e que se sentia muito bem. Arthur também confessou que tinha muito prazer em conversar com ela. Para ele, era como um sonho, aquela mulher diferente interessada em conhecê-lo melhor. Não demorou muito, e dona Joana chamou os dois, pois o chá estava pronto. Entraram e sentaram-se à mesa. A sala de jantar era confortável. Móveis antigos, mas conservados como novos. Dona Joana escolheu as xícaras que usava para as visitas importantes, pois sabia que seu filho gostava assim.

— Eu fico meio sem jeito, por estar dando trabalho à senhora; não precisava de tudo isso.

— Precisava, minha filha, você é amiga do meu filho, e quero que se sinta em casa, ainda mais sendo da Congregação.

— A senhora conhece a Congregação?

— Claro, já fui muito lá.

— É mesmo? E conhece as irmãs?

— Sim, todas muito boas. Eu passei mais de um ano visitando toda semana uma tia minha que ficou internada lá. Depois, ela adoeceu novamente e não teve cura. Mas eu sempre gostei daquele lugar. É muito bonito e aconchegante. Você tem sorte de morar lá.

— É, eu concordo com a senhora.

Arthur mudou o assunto. Foi explicar o que faziam naquela fazenda, onde cultivavam peras, maçãs, damascos e outras frutas da região. Viviam do resultado do trabalho da própria família, dos que ali estavam e de mais três irmãos. Ela aproveitou para contar também sobre os costumes de sua família no Brasil, da mesma forma que eles, dedicados à atividade no campo, porém com culturas bem diferentes. Lá, a irregularidade das chuvas criava muitas incertezas sobre a produção de milho, feijão, mandioca e outros produtos.

A família inteira ficou encantada com a visita da noviça. Ela transmitia uma paz muito grande a todos. Desde aquele dia, sempre que tinha uma folga, Josefa passava na casa dos novos amigos para conversar. Ela chegava ao convento sempre com uma doação qualquer da fazenda, como frutas, ovos de galinha e até pães e biscoitos caseiros. As freiras pediam que ela agradecesse em nome delas.

IV

Anúncio

Arthur publicou um pequeno anúncio no jornal há algumas semanas, apresentando-se como cidadão francês, com situação financeira estável, que procurava uma jovem de vinte a vinte e cinco anos para compromisso. Sua timidez e a vida afastada no campo dificultavam o conhecimento de uma companheira. Ele havia recebido três cartas de jovens interessadas em contato com ele.

Desde que conheceu Josefa, esqueceu a ideia que tinha de conseguir rapidamente um relacionamento. Pensava muito nela e ignorava completamente o hábito que usava. Nunca o vira como barreira para ter uma aproximação com ela, pois a relação de amizade já era um fato.

Quando se despediu da última vez em que esteve em sua casa, Josefa avisou que somente após três semanas teria outra folga para passear e prometeu passar novamente naquele lugar, que ela tanto gostava.

Sem entender o porquê, Arthur contava os dias para reencontrar a amiga. Comentava com a mãe, sugerindo que fosse feito um lanche caprichado, considerando que ela merecia a melhor das atenções. Dona Joana achava natural aquela amizade, mas começava a desconfiar de que havia alguma atenção excessiva. Preferia, entretanto, achar que era um exagero dela própria.

Chegado o dia da visita, ele estava impaciente logo pela manhã. Fazia de tudo para que nada ficasse fora do lugar. Deixara de trabalhar naquele dia para ficar em casa organizando outras coisas. Depois do almoço, ficou contemplando a estrada até que surgiu, ao longe, aquele pontinho que ele conhecia: a jovem freira pedalando sua bicicleta.

Na chegada, eles se cumprimentaram alegres. Ela atingira certo grau de intimidade capaz de circular pela casa e procurar Dona Joana lá dentro. A temperatura e o esforço da viagem deram-lhe sede no caminho.

Josefa surpreendeu Arthur, comentando sobre o anúncio do jornal, pois uma amiga viu e lhe disse. Ele confirmou, meio sem jeito, e falou sobre as cartas que recebera, fazendo questão de dizer que nenhuma o tinha interessado. A maior surpresa ainda estava por vir. Ela respirou fundo e olhou nos seus olhos para falar.

— E se eu fosse candidata?

— Como?

— Se eu me apresentasse como uma das interessadas em manter o relacionamento que você quer?

— Não é possível. Eu sempre lhe tive como uma amiga, principalmente devido a sua condição de religiosa.

— E se eu não fosse religiosa?

— Ora, Josefa, você é religiosa e não devia nem estar conversando sobre esse assunto...

— Arthur, eu quero saber o que você acha de mim como mulher.

— Você me deixa encabulado. Eu acho você uma pessoa bonita, interessante, mas estamos pecando os dois.

— Não estamos pecando. Nada me proíbe de ser uma mulher como outra qualquer. Eu posso deixar o hábito. E aí?

— Você fala sério?

— Sério.

— E os problemas que isso criaria na congregação?

— Não acredito que haja problema. Eu argumento e saio.

Seu coração batia rapidíssimo. Ele não acreditava no que estava ouvindo e não perdeu a chance; pegou pela palavra.

— Então você deixa o hábito que eu me caso com você.

Ela quis jogar-se em seus braços, entusiasmada. Ele deu-lhe um forte abraço e solicitou que ela resolvesse o problema e retornasse. Somente assim poderiam continuar a conversa sobre o assunto.

V

Lembranças

Em meio a tantos momentos vividos – inesquecíveis e inimagináveis anos atrás — Josefa parou na noite quente do convento, tomada pelo silêncio angelical, para reordenar passagens de sua infância. Ela tentava reconstituir o que sua mãe lhe contara naquele sertão seco, onde sua família sofrida enfrentava a falta de água, de comida e de trabalho.

Ficou sensibilizada com a lembrança de certa tarde em que estava sozinha com sua mãe, que preparava as cocadas para vender. Ali, veio a saber em detalhes como tinha sido sua origem. Numa choupana de taipa, coberta com palhas de coqueiro, moravam sua mãe e seu pai. Sua mãe, grávida, vivia os dias de pôr no mundo o filho ou filha, pois não sabia o sexo daquele bebê que carregava na barriga.

Na casa, não havia objetos de valor. A comida era precária. Seu pai não podia plantar, pois não havia chuva. Ele tinha decidido viajar para outro município, distante duzentos quilômetros, para tentar ganhar algum dinheiro na pesca. Tudo que pescara fora trocado por alguns poucos produtos e uma manta de carne, que daria para se alimentar durante um mês.

Era como se visse os olhos tristes da sua mãe, contando que, quando ela nasceu, não tinha panos para envolvê-la. De sacos de algodão, ela fez uma manta e improvisou roupas, que pelo menos serviram para aquecê-la. Sem dinheiro para comprar nada, o leite era escasso, pois vinha da produção de uma cabra que mantinham no quintal. Quando o leite acabava, ela enganava a fome da recém-nascida com pedaços de açúcar e, algumas vezes, com muito sacrifício, colocava-a no peito para mamar.

Foi nesse cenário de miséria que Josefa nasceu e passou a sua infância. Sofreu muito com a fome e as limitações que sua família tinha, mas nunca perdeu a esperança de conseguir mudar aquele estado de coisas. Ela tinha certeza de que seu sonho de mudar de vida se tornaria realidade um dia. Dizia isso para a mãe, que, na sua ignorância e humildade, não desfazia nenhum sonho da sua filha. Ela apenas respondia com um leve sorriso.

Naquela reconstituição, lembrou-se de uma amiga chamada Lorena, que era professora na sua cidade e sempre gostou de geleias e doces. Logo aprendeu a gostar de cocada, o doce mais popular naquela cidade. Todo dia, ela comprava cocada e ficava amiga daquela menina baixinha e meio desajeitada, que passava vendendo as cocadas. Com suas vendas, ela ajudava a mãe a se manter. Na casa de Lorena, Josefa às vezes ajudava e fazia mandados. Entretanto, era Dona Nilza quem vivia perguntando se ela não queria trabalhar para ela.

— Não, eu quero trabalhar numa cidade grande; quero ir para o Rio de Janeiro.

— Deixa de ser besta, menina, sabe quando é que tu vais para o Rio de Janeiro? Nunca... nunquinha!...

— Eu vou sim, a Senhora vai ver.

Aquela intenção de Josefa acabou sendo conhecida por muitas pessoas na cidade. Ela queria ir para o Rio.

A menina era conhecida em toda a cidade e conhecia todos os tipos: os alcoólatras que se embriagavam diariamente nas bodegas, os desajustados que faziam graça para o povo todos os dias na praça e nas ruas, as carolas que exageravam até nos trajes para ir pedir a bênção ao padre e os mendigos que vagavam pelas ruas procurando sustento nas esmolas que recebiam das almas boas.

VI

Hábito

Encabulada e sem ter a menor ideia de qual seria a reação da superiora sobre sua decisão, Josefa chegou ao convento meio tensa. Suas mãos suavam e seu coração estava disparado, pela emoção da perspectiva de uma nova vida, a qual jamais almejara, mas queria experimentar. Olhava cada canto daquela casa onde tinha sido tão bem recebida e que, desde a sua chegada, fora como um castelo de sonhos. Lentamente atravessou o *hall* e um largo corredor, até chegar ao pátio. Sob a sombra de frondosas árvores, avistava a sala da madre Aparecida, que já havia retornado do almoço.

— Licença, Madre?

— Bem-vinda, Irmã Josefa! Entre. Como está?

— Estou bem, madre, mas preciso conversar com a senhora.

— Está certo. Aguarde só um pouco, que tenho de resolver um probleminha antes.

— Sim, senhora.

A madre tocou uma campainha e logo chegou outra freira, bem idosa, que recebeu instruções para mandar preparar um lanche que seria servido às visitas mais tarde. Aquelas freiras recebiam as visitas de forma muito acolhedora.

A irmã se despediu e a madre voltou-se, enfim, para Josefa.

— Pronto, irmã. Agora podemos conversar sossegadamente.

A freira ajeitou-se na cadeira e respirou fundo, enquanto organizava as ideias para começar a falar.

— Irmã Aparecida, eu tenho um assunto que pode não lhe agradar, mas é preciso tratar dele logo.

A madre superiora sentiu que se tratava de algo muito sério, pois aquela freira era acostumada a todas as dificuldades, em vista da vida que levara, e não faria aquela cena se não fosse importante. Havia um carinho muito grande da madre para com Josefa, pois ela acompanhou toda a sua vida na congregação, desde o tempo em que viviam no Rio de Janeiro.

— Minha filha, seja o que for, é importante que você abra o seu coração e converse. Você sabe que pode contar comigo sempre.

— Sim, madre, eu sei, mas é algo tão difícil, eu não sei nem mesmo por onde começar.

— Escolha a forma que for melhor para você – disse a madre, tentando ajudar à amiga.

— Pois, eu vou começar, madre. A senhora sabe em que circunstâncias vim para a congregação e para a França. Sabe que sempre procurei ser fiel e honesta com a obra que representamos.

— Claro, Josefa, sei disso e nunca levantei nenhuma dúvida a respeito do seu caráter e comportamento.

— Que bom, madre, a senhora pensar assim. A senhora sabe que eu sempre tive a maior confiança no seu apoio e que a considero quase como uma mãe.

A madre olhava a amiga preocupada, porém carinhosamente, como quem espera o relato do problema para poder ajudar.

— Sim, mas agora diga o que a trouxe até aqui.

Sentindo que chegara o momento e que não mais podia fazer arrodeios, Josefa se apressou e, em poucas palavras, disse:

— Eu quero deixar o hábito.

A madre tinha muita experiência, aos seus setenta anos, e sabia que algo nesse sentido estava para acontecer. Por mais que considerasse importante a vida de freira para suas irmãs congregadas, sentia que aquela irmã que conhecera ainda quase menina um dia poderia tomar essa decisão. Conhecia a disposição de Josefa para as obras de caridade, pois era uma das mais dedicadas. Não media esforços para cumprir as tarefas que lhe eram delegadas todos os dias, principalmente em ações que envolviam agasalhos e assistência aos idosos. Ficara surpresa, mas reagira tranquilamente, procurando esclarecer os motivos daquela decisão.

— Querida Josefa, você sabe que a gente não lhe prende ao hábito. Você tem a decisão sobre os rumos da sua vida. Mas eu quero que você me diga o porquê dessa atitude.

— Madre, eu gosto muito daqui, tenho vontade e disposição para fazer esse trabalho que faço, mas acho que não tive oportunidade de conhecer o mundo completamente. Preciso deixar o hábito, não que eu vá virar uma pervertida, mas para me sentir despreocupada e descompromissada sobre qualquer decisão que venha a tomar para o rumo da minha vida.

A madre não contestava nada. Ouvia e comentava sobre situações idênticas, nenhuma, porém, com aquelas características, pois aquela irmã tinha uma história singular.

— Mas como é que você vai viver? Como você vai fazer? Para onde você vai? – disparou a madre, repentinamente.

— A senhora sabe que tenho minhas economias. Sabe que minha situação na França está resolvida e que não há problema para que eu viva no país. Vou morar em Nimes, que é tão perto, e não deixarei de fazer o trabalho que for possível a uma ex-freira.

A superiora percebia que fazia sentido tudo o que a freira dizia e que não deveria acarretar maiores problemas, nem mesmo para o andamento dos trabalhos. Tinha, porém, pedidos a fazer:

— Minha filha, mesmo você estando tão decidida, eu quero fazer-lhe um pedido. Que você não se considere desligada enquanto não oficializarmos a sua saída.

Mantendo a maior tranquilidade que nem poderia imaginar, ela concordou e respondeu prontamente:

— Sim, madre, não tenha dúvida de que vou esperar tudo o que for necessário, para que a minha saída seja honrada e não crie nenhum problema para mim nem para a congregação.

— Então você aguarda uma resposta definitiva da minha parte, certo?

— Sim senhora, madre.

— Agora você já pode ir. Acho que terminamos por hoje, não é?

— Sim, madre. Eu vou. Sua bênção.

— Deus te faça feliz!

VII

Passeio

O sábado de céu aberto convidava a passear por alguns dos belos lugares da região. Josefa havia combinado com Arthur uma visita a uma atração muito festejada, que sempre quis conhecer – a gruta da Cocalerie. Encontraram-se no centro e, de lá, seguiram para a gruta, que tem cerca de cinquenta metros de profundidade e mais de um quilômetro de extensão.

Naquele lugar tão agradável, ele fez questão de patrocinar o seu bilhete. Antes, tomaram um lanche numa cabana rústica transformada em lanchonete e ponto de informações turísticas, que vendia até vídeos sobre os passeios no local. Era tudo muito organizado. Terminado o lanche, foram para o local de acesso, onde já se formava uma fila, tendo à frente um jovem guia.

Desceram os batentes do túnel estreito que leva ao interior da gruta. Lá dentro, um ambiente fascinante, pelas formações rochosas de milênios, resultantes da queda paciente de pingos d'água. Cada canto da gruta era deslumbrante. O guia contava histórias e explicava o significado dos pontos por onde passavam.

Eram cerca de quarenta pessoas naquele passeio. Em determinado momento, um alambrado protegia os visitantes para que não caíssem em um precipício. Pessoas de todas as idades ouviam atentamente as explicações. O guia informou que poderia faltar energia no local — a cerca de quinhentos metros da entrada. Logo em seguida, a luz se apagou. Em meio àquele princípio de pânico, Josefa abraçou-se a Arthur, ouvindo os gritos aflitos dos visitantes. Mas logo o guia disse ao microfone que se tratava de uma brincadeira, e a luz foi acesa novamente.

— Queríamos mostrar a vocês exatamente como é este local sem a iluminação.

Andaram mais quinhentos metros e saíram do outro lado, onde uma composição puxada por um trator esperava os visitantes para conduzi-los de volta ao estacionamento. Naquele carro aberto, continuaram apreciando a paisagem, repleta de flores do campo. Contudo, Arthur não estava satisfeito com aquele passeio. Em seus planos, ainda havia um local que a amiga dissera que tinha vontade de conhecer, e ele achava que o momento seria aquele.

— Vamos agora à Bambusserie.

Tomada pela surpresa, ela não teve como se negar, e continuaram o passeio. O local transmitia uma calma impressionante. Ali estava o maior bambu da Europa, além de várias atrações, entre as quais uma bananeira.

— Quer dizer que eu paguei para ver uma bananeira aqui no Sul da França? – disse Josefa, sorrindo, para explicar que, no quintal de muitas casas, lá no nordeste do Brasil, havia bananeiras. Ali, eles almoçaram tranquilamente, parecia que a vida toda estava naquele passeio. E Arthur ainda não estava satisfeito. Insistiu, e ela acabou concordando em dar uma rápida passada na região dos castelos, pois ele queria ver como estavam as obras do Castelo do Terror, um antigo castelo que havia sido destruído, incendiado e, mais de uma vez, recuperado. No final da tarde, bastante exaustos, ele a deixou na porta do convento e marcaram de se encontrar no dia seguinte, quando ela almoçaria com ele em sua casa.

VIII

Cartas

A Madre Aparecida chamou a Irmã Josefa à sua sala, para informar que havia encaminhado o seu pedido de desligamento, e disse que havia dado as melhores referências para que fosse acatado com a maior brevidade. Sentada diante daquela francesa decidida, a freira sentiu necessidade de contar algo que guardava consigo desde o tempo em que morava no Rio de Janeiro e pleiteou a entrada na Congregação.

— Madre, tenho algo para lhe contar e acho que este é o melhor momento.

— Por favor, Josefa, conte, sim. Você sabe que sempre lhe ouço e avalio as situações com a sensibilidade que Deus me deu.

— Sim, madre, a senhora é uma mulher privilegiada e tem essa sensibilidade que poucas pessoas têm.

Lisonjeada com o reconhecimento da amiga, a madre superiora recostou-se na cadeira, que ficava alinhada com um imenso Cristo suspenso na parede. Mais uma vez, a amiga a surpreendia. Parece que ela havia decidido tirar aqueles dias para chocá-la com seus segredos.

— Madre, quando me aproximei do convento, no Rio, vocês me pediram referências sobre a minha família. Queriam saber sobre minhas ligações e meu status. Naquele momento, eu estava aflita e temia não ser aceita, pois o convento era a forma de garantir meu futuro. Não que eu tivesse mentido sobre a minha fé, mas achava que, além da vontade que tinha de ser freira, resolveria meu problema pessoal, entende?

— Entendo, Josefa. Você estava querendo se livrar dos maus tratos naquela casa onde você trabalhava. Acho que tinha toda razão.

— Mas madre, tem algo que a senhora não sabe. Minha família nunca teria condições de escrever para mim. E se a congregação tivesse procurado confirmar a situação, talvez houvesse problema.

— Você acha? – indagou a madre.

— Sim. Mas o que houve foi o seguinte: era necessário estabelecer um relacionamento entre as noviças e seu ciclo familiar e de amizades. Portanto, encontrei uma maneira de escrever uma carta para uma amiga, que mora em Riacho Salgado, pedindo que ela e outras pessoas que me conheciam enviassem cartas para mim. Assim, vocês poderiam pensar que eu era bem relacionada.

— Como você enviou esta carta?

— Eu pedi ao padre João que escrevesse, e ele escreveu, sem saber bem de que se tratava. A partir daí, a senhora lembra que eu passei a receber correspondências.

A madre olhava afetivamente para a freira, e seu semblante mostrava que, em seu pensamento, ela concluía aquele raciocínio sobre algo que nunca entendera bem.

— Agora eu entendo. Mas não tinha maiores desconfianças. Aliás, não acredito que tivesse havido problema, pois fazíamos todas aquelas exigências para esclarecer a verdadeira origem das noviças. Porém, o mais importante é a própria noviça, que recebemos, orientamos e mantemos. Você tinha todos os requisitos e acho que jamais seria rejeitada por não ter o volume de correspondência que achava indispensável. Mas foi muito bom você ter me revelado isso. Acima de tudo, o mais importante é que falemos sempre a verdade. Aquela sua busca furtiva através do padre não foi tão reprovável assim. Não cabe nenhum castigo.

A freira respirava aliviada e olhava para a madre com a ânsia de terminar o assunto. Ali mesmo, Madre Aparecida despediu-se, e ela saiu feliz da vida para encontrar as demais irmãs no refeitório, onde estava sendo servido um lanche.

IX

Viagem

Depois de uma semana de muito trabalho, o domingo era de folga. O amigo Arthur marcara uma pequena viagem, na qual Josefa conheceria Avignon – cidade famosa pelo período histórico no século XIII, quando ali residiam os papas. A chegada a Avignon ocorreu por volta das dez horas.

Havia uma movimentação imensa nas ruas. As praças, os cafés e as calçadas estavam cheios de artistas de todas as partes do mundo. Era o Festival de Avignon, um dos eventos culturais mais importantes da França. Os artistas se apresentavam em plena rua, enquanto outros distribuíam panfletos convidando para seus eventos. A cada passo, eles encontravam artistas de todos os continentes. Josefa estava radiante ao ver tudo aquilo.

Apesar do clima úmido, o calor recomendava uma bebida fria. Sentaram-se em um dos cafés e pediram suco e sanduíches, que comeram lentamente, saboreando aquela culinária sem igual. Em seguida, tomaram aquele cafezinho *espresso*. Partiram para conhecer os pontos mais importantes da cidade. Um antigo presídio, uma feira de antiguidades, tudo de grande importância.

Ainda mais grandioso foi o Palácio dos Papas, que conheceram no início da tarde. Subiram lentamente as escadarias daquela imensa catedral e entraram na nave central. Imagens inesquecíveis, para guardar na retina, pois não era permitido fotografar na parte interna. Por um momento, a freira se isolou, ajoelhada diante de um dos bancos, fazendo uma rápida oração em silêncio.

Havia tempo para mais passeios. Eles sabiam aproveitar aquelas oportunidades. Decidiam imediatamente os novos rumos.

Dali, seguiram para a Ponte do Gard, aquele aqueduto feito pelos romanos há cerca de mil anos. Atravessaram lentamente aquela ponte, apreciando os arcos e indagando-se sobre a perfeição daquela arquitetura milenar, que atravessava aquele rio de seiscentos metros de largura.

Apesar do tempo que já tinha em Arles, Josefa não conhecia nenhum daqueles pontos que visitara com Arthur nas últimas semanas. E sabia que existiam muitas outras coisas belas para conhecer. A caminho de casa, faziam planos para a folga seguinte. Iriam a Provence e, oportunamente, conheceriam a Fonteine de Vaucluse. No final da tarde, chegaram de volta. Despediram-se e desejaram uma boa semana um ao outro.

X

Artes

Provence era o sonho de Josefa, que, em suas instruções sobre belas artes, sempre olhava com curiosidade o período em que Van Gogh morou ali. Ela sabia que a região era retratada nos quadros do pintor, que eram reproduzidos em livros e revistas.

Sabedor das preferências da amiga, Arthur escolheu exatamente aquele lugar para visitarem no fim de semana. Quando menos esperava, lá estava Josefa em meio àquelas casas medievais, apreciando a história local.

Almoçaram em um dos restaurantes que davam para uma varanda aconchegante, da qual apreciavam toda a região. Por todo lado, viam os turistas ávidos por informações e por tudo que estava à venda nas casas de artesanato.

Na volta, pararam na cabana de um santeiro, que faz imagens tradicionais e é muito procurado. Ele trabalha exatamente no meio daquela paisagem transferida por Van Gogh para seus quadros.

Visitaram também a fábrica de cristais, que tem fama no mundo inteiro. Ali, eles viram a fabricação dos artigos, em um processo artesanal surpreendente, considerando as condições de trabalho insalubres. Sem as proteções adequadas, os artesãos e operários trabalham diante de um forno cuja temperatura chega a novecentos graus, suando a cada peça que produzem.

Nas proximidades, Arthur não resistiu e comprou camisetas com impressos de Provence, presenteando Josefa com uma delas. A noite já caía quando chegaram de volta ao convento, e, mais uma vez, desejaram boa semana um ao outro.

XI

Amigas

Aquele tão esperado resultado não saía. Junto às companheiras de convento, Josefa continuava cumprindo suas obrigações e missões. Ela sempre conversava com a Irmã Jordana, que tinha mais tempo de hábito do que ela e já havia presenciado e assistido a muitas coisas naquele local. Chegou a brincar com a Irmã, dizendo que a decisão sobre o seu caso estava parecendo com a escolha do Papa. Ela tinha lido numa revista sobre a eleição dos papas em 1978 e sabia do ritual, que era encerrado quando surgia uma fumacinha branca na chaminé do Vaticano. Enquanto não era decidido o nome do novo Papa, o mundo inteiro ficava de olho na chaminé, pois essa era a única forma de saber da escolha, assim que o processo era encerrado.

A Irmã Jordana era natural da própria região Sul da França. Uma vez, convidou Josefa, e ela foi visitar sua família, que morava em Rognhonas. Era uma propriedade imensa, onde havia de tudo: bela casa, piscina, um espaço amplo na frente, todo verde e arborizado, além de plantações de maçãs e peras. O lugar era maravilhoso, e Josefa ficou encantada, especialmente por ter sido muito bem recebida pela família da amiga. Ao ar livre, fizeram as refeições e até tiraram cestos cheios de damascos — que ela chamava de nectarina. Josefa ficou muito grata aos pais de Jordana, seu Júlio e dona Ester, e à outra filha, Samantha.

Jordana dizia que sentiria a falta da amiga, mesmo sabendo que ela pretendia ficar por perto e realizar alguns trabalhos. Afirmava que não era a mesma coisa, pois deixariam de ter aquele convívio diário, de alvorada a alvorada, no qual se assemelhavam a uma bela família. Lembrava da harmonia que sempre existiu entre elas, apesar de pequenas questões do dia a dia, que até as freiras têm de enfrentar, discutindo e divergindo, mas sempre com o espírito cristão e humanitário.

Não era somente Jordana. Todas as outras freiras gostavam de Josefa e tinham com ela uma ótima convivência. Até porque ela era muito trabalhadora e disposta, notadamente para pegar no pesado, que, aliás, era seu forte. Não media esforços para realizar tarefas que exigiam até força física. Vez por outra, elas comentavam sobre a Irmã, pois tinham curiosidade sobre sua origem e sentiam nela um ar um tanto triste, apesar de procurar agir sempre com naturalidade e evitar comentários sobre problemas mais íntimos. Mesmo assim, ela contava muitas histórias de sua terra.

XII

Surpresa

Absorvida em seu trabalho, a Irma Josefa sentiu a presença de alguém atrás de sua cadeira. Era a Irma Jordana, que havia chegado silenciosamente, com um caderno na mão, preparando-se para lhe explicar algo.

— Você quase me assustou – disse Josefa, sorrindo.

— Não queria lhe assustar, irmã.

— Tem alguma novidade?

— Sim. Uma surpresa para você.

— Surpresa?

— Sim.

— De que se trata, irmã?

— Uma informação que você vai gostar de saber.

— Já estou curiosa.

— Pois vamos aproveitar esse tempo em que não deve chegar ninguém por aqui, e ver isto – disse Jordana, abrindo o caderno para iniciar a explicação.

— Amiga, esse caderno de anotações que me mandaram conta uma história parecida com a sua.

Josefa arregalou os olhos, e o coração disparou em palpitações tão fortes que a fizeram ficar ofegante.

— Pois diga logo o que tem de tão importante.

— Eu chequei os dados e são verdadeiros.

— Que dados, irmã?

— Aqui fala do caso de uma freira que deixou a obra.

— Ela era da nossa congregação?

— Sim.

— Que mais?

— É o caso da irmã Monique, que trabalhou no hospital de caridade. Ela era enfermeira, e seu trabalho sempre chamou atenção por procurar oferecer um atendimento humano a todos os pacientes.

— E aí?

— Ela tinha sido criada em um orfanato porque a mãe a abandonou e a avó era idosa e doente, e não podia criá-la. Daí a origem de sua atenção e amor pelos carentes que precisavam do hospital.

— E por que ela deixou a congregação?

— A impressão que se tem é que ela se tornou freira por uma espécie de gratidão. A congregação ajudou-a bastante quando ela era jovem, e ela se sentiu quase que na obrigação de ser freira.

— Realmente, ela tem muita coisa parecida comigo.

— Tem mesmo. Ela deixou o hábito e foi realizar outros trabalhos. Mas parece que o seu destino estava traçado para se unir a um homem.

— Uniu-se a um homem?

— Sim. Ela se casou com um viúvo chamado Iago, e pelo que se sabe é muito feliz com ele.

— E o que tem mais aí sobre essa história?

— Pelo que eu apurei, ela atendeu a uma mulher com uma doença incurável e ficou amiga do seu marido.

— Você apurou isso?

— Sim. E tem mais: ela sabia do sofrimento da mulher, pois um dia recebeu uma ligação do marido dela pedindo ajuda. Ele achava que ela ainda era freira. Mas ela procurou confortá-lo, e, com isso, ele ficou admirando-a ainda mais. Ela prometeu visitar a mulher, mas, tão ocupada, que, um certo dia, tomou conhecimento de sua morte através de uma nota no jornal. Ficou sensibilizada, mas achou que não devia ir ao funeral.

— Que coisa, irmã!...

— Mas não parou por aí.

— Conte o resto.

— A irmã Monique disse a uma amiga que, numa véspera de Natal, escreveu cartões para os amigos e encontrou o endereço de Iago, para quem também enviou uma mensagem muito bonita. Ele ficou feliz ao receber a mensagem e telefonou para ela, sugerindo que se encontrassem para conversar.

— Aí se encontraram.

— Nesse encontro, ele teve uma surpresa, pois fazia mais de um ano que ela deixara o hábito e se dedicava a trabalhos autônomos.

— E qual foi o resultado?

— O resultado foi que ele lhe fez uma revelação surpreendente. Ao procurar alguns documentos importantes que sua mulher guardava, estava escrito no envelope o nome e o endereço da irmã Monique.

— E como isto aconteceu?

— Ela acha que a mulher sentiu muita confiança no trabalho daquela freira e talvez acreditasse que ela seria uma pessoa capaz de ajudar seu marido a criar seus filhos, Talita, de 8 anos, e Tácito, de 12.

— Mas eles trataram logo desse assunto?

— Não de forma tão aberta. Mas bastaram dois ou três encontros para decidirem manter um relacionamento.

— Começaram a namorar?

— Sim, entretanto resolveram que deviam formalizar a relação, casando-se.

— Que segurança, hein?

— É. Sabiam o que queriam. Consta, inclusive, que no dia em que ele apresentou Monique aos seus filhos, Tácito a recebeu muito afetuosamente, mas Talita foi fria e arisca. Essa situação perdurou por muito tempo.

— E eles se casaram logo?

— Casaram-se após cerca de três meses de namoro. Achavam que não deviam perder tempo. Aliás, o tempo foi se encarregando de melhorar o relacionamento e até Talita passou a gostar da convivência e a tratá-la como uma segunda mãe.

— E qual foi o resultado?

— Passaram a levar uma vida muito feliz; os filhos se formaram e se casaram. Tácito foi morar na Suíça, e Talita casou-se com um tunisiano e foi morar em Tunis. Não é uma maravilha?

— Interessantíssimo. E onde andam eles agora?

— Agora eles moram em Montpelier. São aposentados e gostam muito de viajar pelo mundo.

— Você não acha essa história meio parecida com a sua?

— É. Tem algumas coisas semelhantes. Vamos dar tempo ao tempo, amiga.

Depois de contar toda aquela história, a irmã Jordana disse que tinha uma tarefa com hora marcada, e elas se despediram visivelmente emocionadas.

XIII

Paisagens

Josefa convidou a irmã Jordana, e juntos foram com o amigo Arthur passear na Fonteine de Vaucluse, uma bela fonte contemplada por visitantes de todo o mundo. Josefa não conhecia o local, mas Jordana já tinha ido muitas vezes desde pequena. A chegada ao local é muito bonita. Ali, eles tiveram que dialogar e argumentar para escolher o local onde almoçariam. Ficaram em um restaurante amplo, com uma varanda de frente para as águas.

Jordana já havia conversado algumas vezes rapidamente com Arthur, mas nunca tinham saído para um compromisso tão próximo. Achou que era hora de saber mais sobre o rapaz. Ele confessou que chegou a ter vontade de ser padre, pois frequentava a Igreja e sentia algo forte sempre que via o trabalho dos párocos. Talvez por isso tenha levado uma vida regrada, sem frequentar bordéis. Não era nenhum santo, mas nutria o maior respeito pelo seu semelhante. Era capaz de abster-se de muita coisa, talvez até de coisas inimagináveis.

Feliz com o entrosamento entre aqueles seus amigos, Josefa observava cada detalhe do caminho, até que chegaram ao Moulin – um moinho tradicional da região, onde eram feitos papéis a partir do fluxo natural das águas. As folhas trazidas através do declive enfeitavam as peças que eram cobiçadas pelos mais românticos. Era um mundo de coisas para ver dentro daquela estrutura montada ao redor do moinho.

Próximo à saída, lojas de perfume faziam a festa da maioria dos visitantes. Todas as fragrâncias eram encontradas ali, principalmente a lavanda, bem conhecida de Jordana, pois aquela planta contornava toda a casa de sua família. Havia vidros de todos os formatos e cores: transparentes, amarelados, dourados, avermelhados, azulados, roxos. Mas não foi naquela vez que compraram alguma coisa ali.

XIV

Decisão

No dia seguinte, logo após o café da manhã, Josefa foi convocada pela madre Aparecida. Emocionada, pediu-lhe a bênção e, silenciosamente, sentou-se no lugar indicado pela superiora. A superiora estava em pé, com aquele semblante sério, o hábito branco impecável, realçando o crucifixo dourado que ostentava diariamente.

A madre sabia que aquele momento era decisivo para aquela alma, pela qual tanto zelava há anos. Ela tinha um amor materno por aquela que vira chegar tão humilde e necessitada, e cuja evolução acompanhara diariamente desde então. Mas sabia que não tinha direito de impedir uma mudança de rumo; apenas sentia-se na obrigação de orientá-la, caso fosse definitiva a decisão.

— Minha filha, você está mesmo certa de que seu caminho é fora do convento?

— Estou, madre. Pensei bastante, e tenho certeza de que estou tomando a decisão correta para mim.

— Você sabe o que você sofreu lá fora, antes de vir para a nossa congregação. Acha que tem maturidade para enfrentar a vida sozinha, já que pretende morar por perto?

— Sim, madre – respondeu com firmeza a freira, mesmo sentindo-se um leve tremor na sua voz.

A freira nem pestanejava. Parecia estatelada, esperando uma pergunta seguinte, que não veio. Ao invés da pergunta, a madre fez o anúncio:

— Irmã Josefa, já que é a sua vontade, já que você considera que isto é o melhor para sua vida, já que nos sentimos na obrigação de garantir o bem-estar do ser humano, já que esta é a sua decisão final, informo, minha querida, que você está em condições de se desligar da congregação assim que desejar. Se desejar fazer isso agora, basta assinar um papel que lhe mostrarei.

Dirigiu-se ao birô, pegou um processo com algumas páginas e entregou à freira para que o lesse. Com aquela carga de emoção comum em momentos tão decisivos, Josefa leu, entendeu perfeitamente a preocupação e o cuidado da congregação para que nada fosse feito de forma precipitada, e assinou vagarosamente.

— Está aqui, madre. Muito obrigada. Obrigada por tudo.

Lágrimas de gratidão escorreram pelo rosto das duas, que se abraçaram fortemente por um bom tempo.

XV

Amor

Uma amiga brasileira que morava em Arles acolheu Josefa em sua casa, enquanto ela resolvia como ficaria sua vida. Ela tinha algumas reservas que fora juntando durante todos aqueles anos, o suficiente para manter por um bom tempo uma pessoa controlada. Sabia que não podia ficar ali por muito tempo, daí ser necessário decidir-se logo quanto ao seu rumo.

Durante três dias, a ex-freira refletiu sobre sua vida e tinha cada vez mais certeza de que fizera o que seria melhor para ela. Mantinha todo o seu conceito junto às ex-companheiras e queria continuar mantendo uma vida reta, sem nada que a desabonasse. Para ela, todos os princípios que aprendeu naquela convivência na congregação tinham de ser respeitados, pois assim estaria fazendo, pelo menos, a sua parte por uma sociedade mais justa.

Conforme já era de esperar, Arthur apareceu na casa da sua amiga para visitá-la. Saíam passeando pelas ruas e ladeiras estreitas da cidade, até que chegaram ao ponto mais alto, onde havia bancos para os visitantes. Sentados naquele local, de onde se via a cidade inteira, Arthur não perdeu tempo.

— Está lembrada do nosso assunto?

Meio tensa por tudo que estava vivendo, ela ainda tentou esclarecer:

— Que assunto?

— Você está lembrada de que eu suspendi aquele anúncio do jornal e passei a desconsiderar qualquer proposta que chegou por conta das publicações que saíram?

— Você nunca mais tinha me dito nada sobre isso.

— Pois é. Agora você não tem mais nada que impeça de namorar comigo.

Aquele assunto, por mais que ela tivesse tratado com naturalidade e até de forma divertida anteriormente, não era fácil de ser enfrentado por ela. Mas ela entendia as razões do companheiro, que não podia mais esperar tanto.

— Está bem. Então você continua interessada em mim?

— Claro! É tudo que mais quero na vida, ficar com você, termos uma vida a dois.

— Então eu concordo. Mas você vai entender que teremos de ser discretos e pacientes, para podermos chegar mais longe.

— Claro, não se preocupe que nada faremos que um de nós dois não concorde.

Aquele momento era tão sublime para os dois que pareciam encantados naquela relva montanhosa. Naturalmente, em dado momento, ambos tiveram a mesma vontade de se abraçar. Abraçaram-se fortemente. E se beijaram. Em seguida, disseram, em dupla, a frase emocionada.

— Eu te amo.

XVI

Núpcias

Meses depois, aqueles dois estavam se entendendo tão bem que se casaram. Foi o ato solene mais discreto vivido na região. Somente quem precisava tomar conhecimento por obrigação soube do fato.

Depois da solenidade, o casal seguiu para passar alguns dias hospedados em um hotel localizado em Bela Montanha, à beira da estrada, em busca da melhor adaptação à nova vida.

Havia uma expectativa imensa, que dominava ambos, depois de passarem o primeiro dia conhecendo aquele ambiente, onde fizeram as refeições e passearam pelas proximidades.

À noite, cheios de emoção, conversaram bastante, lembrando muitas passagens da vida de cada um e da própria história que estavam vivendo desde que se conheceram.

Pela janela do apartamento, contemplavam a paisagem, capturando as belezas e agradecendo a Deus por tanta felicidade.

Mais adiante naquela noite, resolveram brindar à ocasião com taças de vinho que o hotel enviara, em vista da informação de que se tratava de recém-casados. Um brinde e uma bebida que temperavam a alegria e as emoções do momento.

Enquanto as árvores balançavam seus galhos com o vento forte da montanha, envolveram-se intimamente na bela alcova, passando a primeira noite sem distâncias e vibrando com a nova realidade da vida, que fazia dos dois um homem e uma mulher cada vez mais felizes.

Foi uma noite de muitas declarações de amor e afetos, repetidos incansavelmente, com a certeza de que passariam a viver uma nova vida de entrega total, com a felicidade que nunca haviam imaginado.

XVII

Felicidade

Arthur e Josefa foram morar em Arlés, em uma propriedade que Arthur adquirira há pouco tempo, depois de combinar com Josefa.

Aquele casal simpático e trabalhador aos poucos adaptava-se à vida naquela cidade, da mesma forma que adquiria o respeito de todos os moradores. Vivia integrado às atividades que a comunidade promovia, porém mantinham a discrição e tinham poucos amigos e vizinhos que frequentavam sua casa.

Na própria casa, ele tinha uma plantação de verduras, legumes e frutas. De animais, havia apenas um cãozinho de estimação, que decidiram criar e a quem davam toda a atenção necessária. Nada faltava ao casal, pois a residência era mobiliada com todos os móveis e equipamentos capazes de proporcionar uma vida digna e confortável.

Até mesmo a madre Aparecida foi levada por Josefa uma tarde para conhecer a casa da amiga. A ex-freira aproveitou para mostrar o carro – bem novinho – que tinha ganhado do marido. Assim que recebeu a carteira de habilitação, começou a dirigir por aquelas estradas da região. A madre abençoou aquele lar e disse que estava emocionada com a nova vida da amiga.

Com o passar do tempo, a frequência de Josefa ao trabalho em obras de caridade, com o apoio do marido, dava até a impressão de que ela nem tinha deixado a congregação. A única diferença era a sua roupa comum, que achava meio estranha, mas não deixava de esboçar sua vaidade, mesmo que moderadamente.

O ambiente pacato em que Josefa morava tinha um clima agradável, conforme as estações do ano. A cidade era calma, e o dia a dia muito tranquilo, com a saída de Arthur para o trabalho no campo, enquanto ela cuidava dos afazeres da casa. As vizinhas mantinham um relacionamento bom, sempre trocando ideias sobre os acontecimentos da vida e experiências domésticas.

A sua casa tinha três pavimentos: um superior, com dois quartos; um intermediário, com copa, cozinha, alpendre e varanda; e um espaço abaixo, com uma suíte, a horta e um belo jardim, com plantas e flores. Tudo construído com pedras, de onde se destacavam belas escadas.

Josefa manteve por muitos anos aquele cachorrinho, que lhe fazia companhia e entendia cada passo que ela dava. Quando pegava a chave do carro, lá corria ele para a garagem, onde normalmente embarcava e acompanhava a dona. Chamava-se Zino e tinha muitos gostos, a maioria deles apoiada pela amiga. Dava trabalho a qualquer passageiro que ela levasse no carro, um Punto no qual Josefa percorria as montanhas e todas as cidades da região de Arlés.

XVIII

Família

A família de Josefa estava restrita a uns três ou quatro parentes que moravam no Brasil. Levavam uma vida de pobreza, no sertão do Nordeste, enfrentando dificuldades com a seca, que prejudicava qualquer plantação. Entre os parentes, estava a sua sobrinha Vera, de 14 anos, que ela levou para a França e custeou seus estudos por dois anos. A jovem era desinteressada e indisciplinada, mas Josefa fazia muito pelos seus gostos. Até que um dia ela mesma disse que queria voltar para o Brasil. Voltou e passou a viver novamente naquele lugar miserável. Tinha um comportamento reprovável. Vivia num ambiente de miséria e vícios, o que causava desgosto a Josefa. Mas ela não podia fazer muita coisa para mudar aquela situação, tendo em vista a distância do lugar onde vivia. Sempre tomava conhecimento dos problemas que aquele seu povo enfrentava e tentava ajudar enviando pequenas quantias em dinheiro. Às vezes, eram problemas de saúde, que requeriam a compra de medicamentos, e ela se socorria de amigos que tinha no Brasil para oferecer assistência.

Quando visitou Riacho Salgado — uma das vezes — Josefa adquiriu uma pequena casa para eles morarem e comprou os móveis e utensílios necessários. Mas de pouco adiantou, pois depois tomou conhecimento de que aqueles móveis e objetos haviam sido vendidos por preços irrisórios, e que tudo voltara ao estado anterior. Só não puderam se desfazer da casa, pois Josefa tomou o cuidado de evitar maiores problemas, adquirindo aquele bem em seu próprio nome. Dessa forma, no dia em que ela viesse a falecer, se fosse antes do seu marido, a casa seria herança para ele.

Aquela situação terminou deixando Josefa desgostosa, ao ponto de dizer que pensaria muito antes de voltar àquele lugar. Ela sentia que a importância que davam à sua visita não era dedicada à sua pessoa, mas às coisas e ao dinheiro que levava e dava a um e a outro. Numa das vezes em que esteve na casa dos parentes, ela voltou quase em estado de choque, por ver aquelas pessoas preferindo a vida de miséria a buscar os estudos que ela oferecia e que poderiam dar um rumo melhor às suas vidas.

XIX

Reencontro

Os anos passavam-se, e um dia dona Nilza recebeu um telefonema incomum, de alguém com sotaque estrangeiro. Era Josefa, dizendo que estava em Natal e que precisava encontrá-la. Bastante surpresa com a ligação da amiga, Nilza disse estar muito feliz por receber notícias dela. Josefa demonstrava também muita emoção e ansiedade para rever a amiga. Acertaram o encontro na casa de Nilza, para o final da tarde.

Josefa contou na ligação que tinha ido para a França e que voltara para rever a família e os amigos, aos quais queria apresentar o marido. Anunciou que tinha se casado com um francês chamado Arthur e se considerava uma mulher muito feliz. Nilza correu para dar a notícia às filhas, Lorena, Joana e Tereza, que ficaram esperando ansiosas para encontrar o casal de "franceses", o que, para elas, era uma novidade.

Uma hora depois, um táxi parou na entrada do condomínio, e dele desceu o casal. Foi grande a emoção que tiveram Nilza e Josefa ao se reencontrarem. Josefa falava apressadamente uma mistura de francês com português, o que ficava muito engraçado. Ainda mais engraçados eram os genros da anfitriã, Mendes, Fernando e Chico, na varanda, bebendo e tentando falar o francês que nunca tinham aprendido direito.

Josefa contava muitas histórias sobre sua vida, desde que deixou Riacho Salgado e foi para o Rio e a França. Sua vida tinha tomado um rumo ainda mais diferente desde que encontrara Arthur, um homem muito decidido e disposto, que resolveu construir uma casa em um dos pontos mais altos de Arlés. Ele construiu a casa sozinho, colocando pedra sobre pedra. Era uma casa impressionante, com três pavimentos, de acordo com o terreno bastante acidentado.

As histórias de Josefa deixavam todos estupefatos e geravam neles uma imensa vontade de visitar a França. Mas era um sonho dito inatingível. Como pensar em ir à Europa, se eram assalariados e seus ganhos mal davam para manter a casa alugada? Não tinham casa própria, carro, TV a cores nem outros eletrodomésticos tão comuns nas famílias de classe média. Ficavam mesmo na vontade de rever a amiga algum dia, quando ela voltasse ao Brasil.

Nada disso, entretanto, impedia que eles, já quase embriagados, tentassem conversar com Arthur, a quem ofereceram bebida. Queriam falar o francês que tinham aprendido no ginásio, mas o visitante não entendia coisa alguma. Josefa nada podia fazer. Apenas sorria com a cena engraçada e oferecia-lhes cigarros "Gouloise" que trouxera da França. Fumar daqueles cigarros, para eles, era uma verdadeira glória. Como era glorioso estar ao lado de um casal vindo da França! Sentiam-se deveras importantes.

XX

Paris

Nilza ouvia encantada toda aquela carga de conhecimentos e emoções da amiga, que contava desde a sua viagem à Europa, onde começou conhecendo Paris. Ela nem sonhara com aquela cidade. Dizia que o transporte já era um TGV, o trem mais eficiente da Europa, que viajava a uma velocidade de trezentos quilômetros por hora. Uma verdadeira aventura nova para a ex-freira.

Sempre em busca de novidades, o casal cruzava os "*chemins de fer*" com a sensação de ansiedade pelas cidades que iriam conhecer. Tinha marcado a passagem para desembarcar na *Gare du Nord*, e dali seguiriam de metrô para a *Gare de Lyon*. Queriam ficar hospedados perto da estação de onde partiriam dois dias depois para o Brasil.

Paris não é uma cidade para se visitar em dois dias. Mas, para ela, a Torre *Eiffel* já seria suficiente. E tiveram a oportunidade de conhecer todo o centro, passar diante do *Louvre*, do *Palais Royal*, *Notre Dame* e os *Champs Élysées*, que estavam sendo preparados para o desfile de 14 de julho. Paris estava agitada. Uma loucura aquele trânsito ao redor da Torre, com mais de cinquenta filas de carros seguindo lado a lado para alcançar os mais diversos destinos.

Numa das saídas, encontraram um motorista de táxi daquele preparado para atender aos turistas. Chamava-se Joel e mostrou, com o maior entusiasmo, todos os pontos que pediram para mostrar, chamando atenção para cada monumento e parando para comentar fatos históricos da cidade. Dizia onde tinham morado as personalidades históricas e os acontecimentos que ocorreram. Sob o Arco do Triunfo, comentou:

— Aqui já passaram as pessoas mais importantes da história: Napoleão, De Gaulle, Hitler e nós, agora.

Josefa disse estar certa de que a amiga um dia iria à França, visitar o lugar onde morava.

XXI

Sonho

Nada para ela era mais importante naqueles dias do que lembrar da rápida, porém inesquecível, passagem por Paris. Um sonho que tinha prazo, e dali embarcaram para Natal – uma viagem de doze horas, devido à conexão que fizeram em Recife. No destino final, encontraram os amigos e familiares. Nem o tempo da viagem nem qualquer outro fator eram para eles cansativos. Estavam aproveitando cada instante.

Josefa achava que a paisagem do sul da França era semelhante ao sertão nordestino. Serras sem vegetação, pedras secas e sol nascente. Os campos de girassóis, no entanto, mostravam a diferença.

Dizia à amiga como era a região onde morava, onde tinha famosos castelos, o Castelo do Terror, a Bambuserie, a Gruta de la Cocalière, Arlés e Rognhonás. Explicava cada atração. Depois falou sobre Avignon, cidade onde habitaram os papas entre os séculos XIV e XV, onde conhecera o Palácio dos Papas, Provence e a Ponte do Gard.

Josefa não cabia em si de felicidade ao ver a amiga com o marido, os filhos e os genros.

— Parece um sonho. Eu nem acredito que estou aqui.

Não se continha e falava mais sobre a sua vida na França. Sua casa, toda feita de pedra por Arthur, tinha o que precisava para viver tranquilamente na região. Dali, avistavam muitas cidades, principalmente à noite, através das luzes. No meio da semana, Josefa visitava o convento, pois mantinha algumas atividades filantrópicas mesmo depois de ter saído de lá; as freiras gostavam muito dela. Uma paz. Ali, as irmãs franciscanas levavam suas vidas tranquilas, cada uma fazendo sua parte. E a Irmã Aparecida dirigia um hospital para idosos, aos seus quase oitenta anos. Todas as demais eram mais idosas que ela.

As irmãs continuaram amigas de Josefa mesmo com o casamento, pois sabiam que ela realmente não tinha vocação para o hábito. Josefa sempre avisava sobre as suas visitas. A recepção era sempre muito amigável: torta, sorvete, presentes.

Ao lado de Josefa, a Irmã Aparecida percorria todas as alas do hospital, onde eram realizadas terapias e tratamentos com os idosos. O ambiente era dos mais adequados para aquela atividade. Todos ficavam encantados com a tecnologia empregada no local, graças ao espírito caridoso daquelas freiras, que, há muitas décadas, dedicam-se àquela obra.

Na despedida, sempre um pedido para que mandasse notícias e voltasse, ao mesmo tempo em que traçavam planos para viajar novamente ao Brasil, de onde haviam saído desde que desativaram a Congregação no país.

XXII

Sertão

Sempre com a mente voltada para aquelas experiências inesquecíveis e antes nunca imaginadas, Josefa dizia que ainda parecia tudo um sonho. Mas era realidade. Agora, ela tinha a oportunidade de percorrer aquele país, que é encantador e do qual tinha tanto afeto. Ela falava sobre a Irmã Aparecida, que sempre a tratou com tanto carinho; suas companheiras e o lugar onde ela vive, que é muito bonito e aconchegante. Achava o trabalho daquela instituição um exemplo a ser seguido no mundo inteiro.

Mas, no dia seguinte, tornava-se mais forte a lembrança de sua cidade, a qual desejava visitar para rever o lugar onde passou os dias de sua infância, mesmo tão sofrida. Riacho Salgado está situada no sertão, onde a população começou a se formar no século XVIII, quando um fazendeiro doou uma pequena parte de suas terras para a construção de uma capela em homenagem a Nossa Senhora da Conceição. No século XIX, o povoado foi elevado à categoria de vila, transformando-se em município autônomo por volta de 1955. As festividades comemorativas à padroeira e à emancipação política são os dois grandes eventos que movimentam a cidade, e, apesar de tudo, ela se lembrava das festas.

Naquela noite, ela pensou insistentemente em sentir o perfume de alguma rosa daquela que tinha em sua cidade. Naquele seu pensamento, estavam todos os seus sonhos infinitos. Lembrava o cheiro das alamedas coloridas de Riacho Salgado e as pedras da estrada, onde fazia as incursões de sua infância. Queria reviver o tempo ingênuo e puro da cacimba, próxima da qual encontrava o mel das abelhas, e onde o silêncio só era quebrado pelo canto dos pássaros. Estava decidida a voltar ao local, onde se lembrava do bar de seu Joca, voltar à padaria, às ruas do armazém de gasolina de seu Odilo e à loja de Luiz, onde toda a cidade comprava tecidos medidos com aquele metro de madeira ou nas marcas feitas no próprio balcão.

Não sabia por que, mas tinha certeza de que o perfume da flor que via naquele jardim da casa da amiga lembrava Riacho Salgado, trazendo-lhe à mente as figuras de Toinha, preta sem rumo, que passava o dia pela cidade bebendo cachaça; e Dona Maria Bem-Te-Vi, vendendo o seu café torrado no tacho. Achava de forma poética que Riacho Salgado era como aquela rosa, porém distante, lá no sertão. Havia muito tempo que ela não lhe mandava notícias, mas ela não esquecia, e dizia que haveria de vê-la novamente, para retomar o caminho dos seus sonhos.

— Mas por que você tem essa vontade tão grande de voltar ali, se você está tão bem na França? – indagou Nilza.

— Voltar àquelas terras seria retornar a um passado sem igual. Por elas, eu andava e sonhava sonhos pouco ambiciosos para o que consegui, porém justos. Como os que ainda hoje sonho, que a vida há de concretizar. Ali, eu observava, pequena, as frondosas árvores, com suas flores vermelhas e amarelas, e as folhas caídas ao chão, levadas pelo vento da ladeira da Matriz. Você sabe que eu não era de ficar observando muito, porque morava distante, mas aproveitava ao máximo e não comentava com ninguém, pois, ao juntar-me aos outros, aquilo não entrava nas conversas.

— Realmente, você sempre foi de andar muito – interferiu a amiga.

— Sei que essas lembranças belas, guardadas, não vêm agora pelo fato de ter saído de lá. Aliás, elas sempre estiveram presentes, e agora apenas se reavivam, trazendo à imaginação o aspecto que teriam atualmente, tantos anos depois.

E continuava.

— Não quero acreditar que tenha mudado muito, porque não havia necessidade. Mas ao redor, deve estar tudo diferente. A cidade cresceu; as coisas de hoje devem estar presentes em todos os lugares. Antenas de TV, vitrines, carros novos devem ter tomado o lugar das pouquíssimas antenas de rádio, das portas duplas e altas de madeira, das lojas e dos jeeps Willys de então.

— Claro que mudou, Josefa.

— Deve ser grande o movimento de pessoas. Rostos que, na maioria, não conheço. Mas entre eles devem estar os semblantes daqueles vizinhos e colegas de infância, hoje adultos, se não mudaram de cidade – como eu, ou se não se passaram, como tantos outros.

Ela repetia emocionada as lembranças que vinham surgindo feito um cineminha:

— Pensei um dia em voltar e ver tudo igual. Hoje sei que tenho de enfrentar a mudança, mas a vida só me dá direito a isso.

— Mas o que tanto você queria ver por lá? – perguntou a amiga.

— Naquele sertão onde eu vivi, não deixei praticamente nada sem conhecer de perto. Era curiosa e procurava os mínimos detalhes sobre a vida e o ambiente, e isso me levou a acostumar-me com as cobras, as rochas e os espinhos. Ali, pouco importava muita coisa que o desenvolvimento trazia, principalmente porque eu levava uma vida tão simples.

— É mesmo, você tem toda razão – interferiu Nilza. Mas ela continuou:

— Foi por isso que subi serras e serrotes, até pelos caminhos aparentemente impossíveis de seguir. Perigosos, porém não intransponíveis. A recomendação menor era com as coroas de frade. O maior cuidado era não escorregar. Lembro-me muito bem de ter ido a pé até a Serra Grande. Era preciso muita disposição para poder subir, e todo preparo era pouco para evitar o cansaço. Mas todo ânimo ressurgia ao sentirmos que estávamos próximos do cume, com seus segredos, suas lendas e rochas, algumas delas talvez até hoje não visitadas.

— Menina, eu estou impressionada com essas tuas lembranças. Tu nunca tinhas me dito nada sobre isso.

Josefa parecia nem ouvir as intervenções da amiga e continuava sua narrativa.

— A beleza da paisagem era muito grande. Todos ficavam a apreciá-la. Seguiam, porém, aos poucos, até se juntarem para comentar o medo de alguns, o desajeitamento de outros, as plantas nascidas das pedras. Soltávamos a imaginação, esquecendo até a quentura das rochas sob o calor do começo da tarde. Conhecemos a Serra, nos divertimos e, depois, chegou, para muitos, a maior apreensão: descer de volta!

A amiga sabia do que a outra falava, pois tinha subido aquela serra certa vez, com um grupo de amigos.

— Foi muita aflição, mas todos conseguiram. E a serra ficou lá, indiferente à visita, como representante dos poderes da natureza. Imortal, hoje talvez sem se abalar sequer com os anos de seca na região, que trazem penúria ao povo nordestino.

Parecia que, a cada fato lembrado, aumentava a vontade de relatar aquele tempo. Depois de contar aquela subida à serra, passou logo a outro ponto da cidade que queria rever.

— Uma das lembranças que guardo de Riacho Salgado é a fonte, onde diariamente muitas pessoas iam buscar água e da qual se falava como se ela fosse uma pessoa integrada ao nosso convívio. Ali, as cenas mais comuns eram formadas por pessoas transportando galões ou burros, com seus barris e ancoretas, conduzidos calmamente pelos caminhos feitos às mãos pelas pisadas cotidianas. Era a fonte que, rodeada pela tranquilidade dos avelozes e plantas rasteiras, garantia a sobrevivência de muitos, até em certos períodos críticos de seca, e que tinha uma beleza ímpar, já que o sol quase não chegava perto, vivendo como se estivesse protegida pela vegetação.

A amiga parecia também em certos momentos estar revendo aquele ambiente.

— Naquele local, misturavam-se os pássaros, com seu canto sinfônico, que nos proporcionava uma tenra tranquilidade, a qual motivava remorso quando era quebrada, como aconteceu numa daquelas manhãs, quando um menino atingiu fortemente um canário com uma "bala" de barro. Ao vê-lo bater asas, sem poder voar, lutando contra a morte, foi tomado de arrependimento e tentou salvá-lo a qualquer custo. Mas era tarde.

Nilza ficava cada vez mais impressionada com a riqueza de detalhes nas lembranças de Josefa. E ela prosseguia.

— Tinha dessas coisas a fonte, que eu posso comparar hoje à melhor alvorada que desejaria ter. Cedo, pisava suas bordas molhadas e seguia o ritual comum, jogando as latas naquelas esperas pacientes pelo afastar das folhas. E saía respirando o ar puro ao seu redor, deixando-a, às vezes, solitária, como se estivesse se embalando para dormir um sono justo.

De repente, aquela mulher de histórias tão surpreendentes ficou triste, como quem tem conhecimento profundo do que está falando.

— Mas todo esse aspecto bucólico pareceu mudar ao me contarem as chocantes cenas ocorridas ali perto, décadas atrás. Foi um ano seco, com muita fome e, o pior, muitos tombando mortos.

XXIII

Dinheiro

Meses depois de voltar para casa, numa ligação que fez para Dona Nilza, a fim de saber como estavam as coisas na família, Josefa ficou sabendo que a pequena empresa de sua filha estava prestes a fechar as portas, enfrentando sérias dificuldades financeiras. Ela havia prestado serviços para órgãos do município, e a Prefeitura não pagou uma dívida de R$ 90.000,00, o que gerou dificuldades praticamente insuperáveis. Sem que ninguém esperasse, ela telefonou para Mendes, genro de sua amiga, que, junto com a mulher, Lorena, acompanhara o casal em visitas a Riacho Salgado, e ela era imensamente grata a eles.

— Que surpresa boa, Josefa! – exclamou – Tudo bem? Como está Arthur?

— Tudo bem, sim. Arthur está bem. Mas eu quero falar com você sobre esse problema da sua empresa.

Mendes sentiu, então, um susto, pois não esperava que a situação tivesse chegado ao conhecimento de Josefa daquela forma.

— Pois é, Josefa, estamos numa dificuldade imensa, mas vamos dar nosso jeito, e Deus ajudará a encontrar uma forma de pagar todas as contas.

— Mendes, eu quero que você informe seus dados bancários para que eu possa enviar uma quantia para ajudar, pois tenho um dinheiro guardado e acho que o melhor que faço é colocá-lo na mão de vocês. Será um empréstimo sem exigência de prazo para devolução.

— Assim você surpreende mais ainda a gente, Josefa. Deixe que a gente vai encontrar uma saída.

— Eu faço questão de mandar. Faça bom uso e depois a gente se acerta.

Depois da ligação, Mendes ficou atordoado e correu para contar a Dona Nilza, que ficou muito admirada. Ela tentava entender por que a amiga estava fazendo aquilo. Então, resolveu ela mesma telefonar para a França. Ficou sabendo que a amiga pretendia enviar 200 mil reais, através do câmbio do Banco do Brasil.

Mendes e Dona Nilza passaram a contar com aquele dinheiro e a agir como pessoas que têm posses. Pensaram em adquirir uma loja, um quiosque ou algum outro empreendimento que fosse suficiente para mantê-los no futuro. Das parcas reservas que tinham, começaram a fazer compras e a gastar desnecessariamente. Sua sobrinha estava grávida, e ele resolveu comprar grande parte do enxoval do bebê na loja mais elegante da cidade. Aquele dinheiro correspondia a um prêmio da Quina.

Na mesma época, o governo decidiu controlar melhor todo o dinheiro movimentado pelos correntistas brasileiros. Foi criada uma norma para que os bancos informassem à Receita Federal qualquer depósito acima de R$ 10.000,00. Quando soube da notícia, ele ficou preocupado, pois aquele montante que receberia da amiga francesa extrapolava todos aqueles controles. Não sabia como iria explicar o surgimento de um depósito tão vultoso em sua conta bancária. Os entraves burocráticos que a amiga enfrentou foram muitos para movimentar o dinheiro na França e fazer a transferência para sua conta. A amiga não era acostumada com tais assuntos, e tudo que fazia na área financeira era através de outra amiga, uma corretora de seguros que atuava como sua procuradora. Era essa procuradora que estava providenciando tudo. O dinheiro seria sacado da conta da amiga e enviado por ordem de pagamento para Mendes.

Algo estranho acontecia, pois quanto mais aumentava a expectativa de receber o dinheiro, mais problemas surgiam, e a amiga dizia que ainda não havia conseguido. Ela morava em um lugar afastado e, para efetuar a transação, teria que ir até a cidade de Arlés. Cada vez que surgia um entrave, mais planos ela fazia para o uso do dinheiro. Pensou em criar uma fundação filantrópica com o nome da própria amiga, a fim de ajudar pessoas carentes, pois seria uma forma de unir o útil ao agradável, já que cumpriria seu papel social e, ao mesmo tempo, poderia obter uma remuneração justa pelo seu trabalho.

As démarches aflitivas continuaram por cerca de trinta dias. Era uma ansiedade incomparável. Não havia outro assunto com que se preocupar, a não ser a necessidade de realizar trabalhos para se manter. Até que, numa tarde de abril, ele recebeu uma ligação da amiga, informando que o dinheiro havia sido transferido e estava disponível no setor de câmbio do banco. Correu para o Banco do Brasil, a fim de saber se já havia chegado a ordem. Nenhum sinal. Mas os funcionários informaram que essas transferências eram assim mesmo, e que no dia seguinte tudo deveria estar normalizado. E chegou o dia seguinte. Com o coração disparado, ele chegou ao setor de câmbio para receber definitivamente o dinheiro enviado pela amiga francesa. Havia registro do depósito. A funcionária visualizou no monitor o extrato e informou ao cliente: R$ 2.100,00.

— O quê?

— Isso mesmo: dois mil e cem reais.

— Mas só pode haver algum engano. Minha amiga disse que depositaria duzentos mil reais.

A funcionária fez imediatamente a relação com o valor registrado e informou:

— Esta quantia equivale a duzentos mil francos franceses, senhor.

Sem entender o que ocorrera, Adão não mexeu no dinheiro e foi para casa com a sensação de que o mundo estava acabando. Não tinha coragem de questionar a amiga a respeito do valor. Entendeu que devia ser mesmo aquela quantia que ela queria enviar para ajudá-los. Devia ter havido alguma confusão com relação ao valor das moedas. Escreveu-lhe uma carta agradecendo a ajuda, e nunca mais esqueceu aquele período em que se sentiu rico e endinheirado, a ponto de sair pela cidade à procura de empreendimentos para negociar. Mas ficou profundamente grato à amiga pela intenção e iniciativa de ajudá-los daquela forma, num momento de tamanha dificuldade.

XXIV

Convite

Enquanto Josefa não criava coragem para contar um segredo que havia dito à amiga e que precisava revelar, Nilza também falava sobre suas experiências durante aquele período em que a amiga estava ausente. Fazia poucos dias que sua filha Lorena lhe havia contado sobre o telefonema que recebeu da prima do seu marido.

— Lorena, tudo bem? Eu estou ligando para lhe convidar para a missa que vamos mandar celebrar no dia 30 pelos quinze anos de minha neta.

Lorena não reconheceu imediatamente a interlocutora do outro lado da linha, mas procurava assimilar as informações.

— Eu acho que Mendes não gosta muito de Igreja...

— Se ele não quiser ir, não tem problema... De qualquer forma, está feito o convite.

Naquele momento, Lorena identificou a pessoa que lhe falara. Somente as primas de Mendes a chamavam pelo apelido de infância. Terminada a ligação, ela procurou o marido, que navegava na internet.

— Sua prima Salete ligou, convidando para uma missa em homenagem aos quinze anos de uma neta.

Ela contou o que a prima achava sobre sua disposição para frequentar igrejas. Sentia algo no ar, como se o convite fosse apenas uma formalidade. E voltou quarenta anos no tempo, para um passado que Salete nem imaginava.

— Ela não tem a menor ideia de quem está convidando para o evento chique da sua neta. Convida porque é mulher do primo. Mas eu me lembro muito bem de quando ela morava em Riacho Salgado. Ela era rica e fazia parte do Lions, com seu marido, Narciso. Tudo de importante que ocorria na cidade tinha a participação deles.

Mendes sabia que elas tinham sido contemporâneas. Muitas vezes, ela havia feito referência à sua prima e a Narciso, que era considerado enrolão. Mas Maria continuou contando uma história que guardava há 25 anos, o tempo de duração do seu casamento, até então.

— Nunca esqueci e nunca vou esquecer daquela mulher.

Seu rosto mostrava a emoção que sentia ao relembrar aquela época. A voz também denunciava seu estado de nervos.

— Houve uma seleção de meninas que faziam um trabalho para um evento que seria realizado na cidade. Eu estava entre as meninas que preenchiam todos os requisitos. Ela me achava alta, bonita, simpática e educada. Mas fui preterida pela sua prima. O pior é que ela nem imagina que soube do que ela disse, justificando minha exclusão.

— Soube como? – indagou-lhe o marido, intrigado.

— Entre as classificadas, ficou uma colega minha, que, casualmente, ouviu-a explicar a minha saída: "Ela teria todas as condições, mas é filha de motorista".

XXV

Segredo

A ex-freira não sabia como a amiga reagiria ao saber daquele segredo que estava disposta a contar. Era um segredo que talvez provocasse uma grande estranheza na amiga, que tinha em sua experiência e vivência na França algo fascinante. Sentia suas carnes tremerem, pois, ao contar aquilo, também em si era como um mundo desabando, um sonho se desfazendo, mas achava que tinha de enfrentar a realidade. A amiga estava ansiosa, pois ela já havia dito que iria contar algo surpreendente. Imaginava tratar-se de algo muito forte, mas não tinha a menor noção do que se tratava.

Quase ofegante, Josefa olhava para a amiga, em quem depositava total confiança; era como uma irmã ou a própria mãe, que já não estava viva. Qualquer coisa que precisava, pedia à amiga para resolver, desde que retomara o contato.

Nilza procurava acalmar a amiga, dizendo que, qualquer que fosse o assunto, ela podia ficar certa de que contaria com seu apoio, confiança e confidência. Mais confortada e encorajada, ela começou a fazer a narração do seu segredo. Arrodeava e continuava, como que numa ânsia de chegar ao ponto mais grave.

— Você se lembra de tudo que contei sobre a minha vida; dos meus sonhos, desde que você me convidou para trabalhar na sua casa e eu queria ir para mais longe; de como cheguei ao convento; de como acabei viajando para a França; de como conheci Arthur; do casamento; de tudo o mais.

A amiga não queria atrapalhar a fala e apenas respondia assentindo com a cabeça.

— Você sabe como eu era dedicada à obra das irmãs e como elas confiavam em mim, mas achavam que eu não tinha nascido para o hábito.

— Sei, sim, minha amiga. Mas o que pode ter acontecido de tão grave que você faz esse arrodeio todo?

— Vou lhe contar. Desde que me casei e passei a morar com Arthur, levamos uma vida normal de marido e mulher. Mas eu não consegui mudar minha vida mesmo depois de casada. No dia do casamento, tive a sensação de que teria uma nova missão a cumprir na Terra. Eu pensava que era um sonho, mas algo muito forte tomou conta de mim, e eu mudei completamente minha forma de ver Arthur.

— Cadê o segredo? – questionou a amiga.

— Você se lembra de que eu sempre gostei de crianças, não é?

— Lembro.

— Pois nós adotamos uma menina sem ela saber. Tudo que eu e Arthur temos, quando morrermos vai para o nome dela.

— Que coisa, Josefa! E ela não sabe disso? E quando um dia vocês se forem, como vai ser resolvido?

— Tem uma amiga nossa, Vitória, que conhece todos os detalhes e possui todos os documentos necessários para informar a ela o meu testamento. Deixo para ela todos os bens que temos, eu e meu marido; tanto na França quanto no Brasil – a casa de Riacho Salgado.

— Quer dizer que a menina é rica e não sabe?

— Não digo rica, mas vai ter um patrimônio que se ela tiver juízo nunca vai passar necessidade.

A amiga ficou estatelada com aquele segredo e teve poucas palavras

para encerrar o assunto:

— Tudo é possível. Nada mais no mundo me surpreende, minha amiga. O mais importante é que você se sinta feliz.

Disse e ficou pensativa, contemplando as ondas brancas do mar.

— Sim, amiga, sou uma mulher muito feliz.

Ali encerraram a conversa. Logo, Josefa iria de volta para a França. Josefa voltou para a França, onde retomou aquela sua vida pacata, cuidando dos mesmos afazeres, certa de que os dias futuros estavam traçados e que deveria apenas esperar o tempo passar.

XXVI

Dores

A vida apresenta muitas surpresas, e três meses depois, o marido de Josefa, Arthur, adoeceu. Sofreu bastante com problemas cardíacos e pulmonares, precisando, por muitos meses, usar um balão de oxigênio portátil, entre outros equipamentos médicos. As debilidades foram se acumulando e se agravando, até que ele faleceu devido àquela enfermidade.

Durante o período de convalescença de Arthur, Josefa procurava se desdobrar, fazendo o possível para levar conforto àquele que foi seu grande parceiro nesta vida. Não media esforços para garantir que nada lhe faltasse, ao mesmo tempo em que ficava ao seu lado, tentando amenizar seu sofrimento. Ele sentia a aflição de sua mulher e, mesmo sem ter o costume de fazer declarações românticas, dizia que ela fora o amor de sua vida e que era grato pela sua confiança, pelo seu convívio e pelo seu amor.

No ato de despedida, Josefa sentia uma das dores mais profundas de sua vida e, embora fosse muito mais madura do que quando começou o relacionamento com ele, chorava a perda do marido e orava pedindo forças para seguir a vida, com mais essa experiência triste que estava enfrentando.

Depois da morte do marido, Josefa passou a se concentrar ainda mais na ideia de transferir para a herdeira escolhida os bens que acumulou ao longo de sua trajetória. Ela passou dias se preparando para formalizar esse momento, a fim de deixar tudo pronto para o trabalho do funcionário, que deveria anunciar à sobrinha a decisão tomada.

A velha amiga Vitória, que cuidava de suas finanças, havia rompido relações após um desentendimento. Josefa nunca dominara bem os assuntos relativos às suas finanças e pediu ajuda, então, a uma amiga que convivera com ela na congregação. Ao tratar de reunir informações sobre as coisas da amiga, a outra percebeu que havia algo estranho. Não alertou logo para não agir de forma precipitada, mas começou a sentir uma forte aflição.

Dias depois, não havia mais dúvidas de que a amiga havia sido lograda. O saldo no banco, que ela acreditava ter, em meio aos seus papéis, era irrisório; o verdadeiro montante havia sumido. Ela podia contar apenas com os benefícios que o governo depositava mensalmente. Até a casa não mais lhe pertencia; ela a havia vendido, e ali permanecia porque pagava um aluguel saído de sua conta mensalmente, através de uma autorização formal assinada, uma espécie de consignação. A casa de Riacho Salgado havia sido vendida por procuração quando estiveram no Brasil, sem que a proprietária tomasse conhecimento. Nada restava, senão um imenso desafio pela frente, pois toda evasão foi documentada em papéis que ela assinou sem saber qual a finalidade, por achar que se tratava de movimentação corriqueira. Seria uma grande batalha judicial para tentar demonstrar que havia sido enganada, pois sua assinatura favorecia a argumentação da golpista.

Arrasada, sem chão, Josefa telefonou para a amiga do Brasil.

— Você não vai acreditar no que aconteceu comigo.

— Que surpresa, Josefa! O que aconteceu, amiga?

Ela relatou tudo o que ocorreu.

— E então, o que vai acontecer agora?

— Amiga, sinto um peso enorme, uma frustração que nem dá para explicar.

— O que você vai fazer?

— Não sei, só sei que tive boa vontade, mas o rumo que as coisas tomaram vão findar me fazendo desistir de tudo.

— Você acha que tudo pode ficar por isso mesmo?

— Acho que o que estou passando é o resultado de toda minha vida, mas não tenho forças para correr atrás daquele prejuízo.

Aquela história foi reavivando a memória de Nilza, que começou a pensar sobre um fato passado envolvendo finanças. Não se conteve e sentenciou: pois essa mulher ficou com o dinheiro que você disse que ia enviar para Mendes.

— Como assim?

— Você disse que ia enviar 200 mil reais e só chegaram dois mil e cem.

Josefa ficou atordoada.

— Vocês não me disseram nada, e eu pensando que tudo tinha dado certo.

— Como vai ficar, então?

— Pois é, amiga, estou ligando para agradecer tudo que você fez por mim. Quero esquecer esse assunto.

A amiga não sabia que Josefa estava com seus pertences arrumados numa mala, e que no dia seguinte estaria sendo acolhida pelas freiras às quais tanto serviu. Uma recomendação antiga garantia para ela uma vaga no abrigo mantido pela sua congregação.

XXVII

Recolhimento

Na noite em que chegou ao abrigo, Irmã Josefa recolheu-se silenciosamente e gravou, no surrado telefone celular que pouco usava, uma mensagem que desejava guardar como marco daquela nova fase de sua vida. Procurando sentir a mais profunda resignação, sua mensagem era uma verdadeira oração.

— Oh! Deus, que me destes a vida, tantos anos, tanta experiência, tantas benesses, tantos dias de amor, amizade, comunhão, paz e felicidade, rogo que me dês paciência, serenidade e saúde para viver neste lugar maravilhoso, onde nos encontramos com a vossa palavra e sentimos o valor da caridade. Fazei com que eu tenha sempre humildade e lembre de cada fase importante da minha vida, desde os dias sofridos da infância, a juventude cheia de boas surpresas, e a vida adulta com tantos dias memoráveis. Dai-me forças para refletir nesta minha velhice sobre tudo que fiz no dia a dia com os outros, certamente ajudando às pessoas que puseste em minha frente. Concede-me, Senhor, o valioso dom de superar as mágoas que me atormentaram em alguns momentos, e perdoai àqueles que me prejudicaram. Rogo-te, Senhor, por novas experiências, de acordo com as minhas possibilidades. Reafirmo, Deus, minha dedicação às tuas obras. Gratidão! Amém!

Ao acordar, a Irmã Josefa ajoelhou-se diante da Família Sagrada, cuja imagem estava numa bela prateleira de canto, onde podia se sentir acolhida e recolhida, e fez sua costumeira oração, um resumo de toda a sua devoção de cerca de oitenta anos.

— Pai Nosso que estais no Céu, santificado seja o vosso nome, venha a nós o Vosso Reino, seja feita a Vossa vontade, assim na

Terra como no Céu. O pão nosso de cada dia nos dai hoje. Perdoai as nossas ofensas, assim como nós perdoamos a quem nos tem ofendido. Não nos deixeis cair em tentação, mas livrai-nos do mal. Amém! Ave, Maria, cheia de graça, o Senhor é convosco. Bendita sois vós entre as mulheres. Bendito é o fruto do vosso ventre, Jesus. Santa Maria, mãe de Deus, rogai por nós, pecadores, agora e na hora da nossa morte. Amém! Concedei-me, Senhor, a serenidade necessária para aceitar as coisas que não posso modificar; coragem, para modificar aquelas que posso, e sabedoria, para distinguir umas das outras. Afastem-se de mim os espíritos do mal; aproximem-se de mim os espíritos do bem, meu espírito guardião entre eles. Ó Deus, espíritos de luz, espíritos do bem, espíritos guardiões, fazei com que eu receba fluidos positivos e energias curativas, capazes de me manter sã e salva, para que nada de mal me aconteça; para que tudo dê certo para mim; para que eu consiga tudo que preciso; para que eu seja sempre feliz. Obrigado, Deus, por tudo. Muito obrigado! Muito obrigado! Muito obrigado! Fazei com que eu não tenha soberba nem orgulho. Que eu seja feliz. Amém!

A Oração da Irmã Josefa passou a fazer parte do cotidiano da casa, sendo considerada uma manifestação milagrosa, pois a ela foi atribuído um poder superior por todos os religiosos que a viam exposta em um belo quadro, exibido no *hall* do prédio, com flores e sua transcrição em letras caligráficas.

XXVIII

Destino

Em meio àquela vida pacata, resignada e recolhida a uma rotina simples, na ala destinada às mais idosas, Irmã Josefa não esperava mais por grandes surpresas. Contudo, numa manhã quente de agosto, ela viu entrar uma irmã anunciando uma visita inesperada: um casal de amigos vindos do Brasil. Josefa sempre ficava meio ofegante ao sentir fortes emoções e caminhou até a recepção, onde estavam Mendes e Lorena. Eles fizeram questão de chegar de surpresa, numa viagem que realizavam como se voltassem a percorrer o tempo pelos céus e pelos caminhos de ferro da França. E tinham certeza de que presenciariam uma grande demonstração de felicidade por parte daquela mulher que não viam há tantos anos.

— Não posso acreditar. Que alegria, meus amigos!

— Oh! Josefa, nós temos alegria da mesma forma.

Conversaram e souberam que, apesar de todas as dificuldades, a irmã encontrava-se bem, pois nada lhe faltava. E, em meio à recepção costumeira daquela casa, sentaram-se ao redor de uma mesa no jardim, colocando a conversa em dia e lembrando de muitas coisas que viveram juntos. Depois de toda a atualização, o casal revelou a que realmente tinham ido.

— Viemos saldar uma dívida que temos com você. Aquele dinheiro que você nos enviou, e que dissemos que pagaríamos quando pudéssemos. Pois agora estamos em condições de restituir aquela quantia, que foi muito útil no momento em que mais precisávamos e você tomou a iniciativa de nos ajudar.

Depois de muitas experiências sofridas nos negócios, o casal havia encontrado um novo meio de vida. A curiosidade que sempre os cercou fez com que resolvessem juntar todas as informações possíveis sobre um novo tipo de investimento surgido no fim de 2009 e que, cinco anos depois, virou notícia nos meios financeiros por causa de consideráveis lucros. Era a chamada criptomoeda Bitcoin, que, apesar das dificuldades em aprender a lidar com ela, foram decididos e resolveram aprender tudo a respeito. Com grande persistência, viram o dinheiro que tinham se multiplicar exponencialmente. Tendo como meio de ação a perseverança, já se sentiam tão abençoados que podiam levar uma vida abastada, porém com muita responsabilidade.

— Vocês não imaginam como fico feliz em ver vocês assim. Sou muito grata a Deus por este momento.

— Tem mais uma coisa importante para você, amiga.

A amiga fez um ar de curiosidade e não precisou esperar mais por nenhum suspense. Ficou sabendo que os amigos, agora tão afortunados, sentiram-se na obrigação de devolver o empréstimo da amiga, porém corrigido pela valorização das criptomoedas nas quais investiram. Desde o início das aplicações, tomaram a decisão de considerar que R$ 2.100,00 do que tinham investido seria intocável, e o resultado teria de ser entregue à amiga. Pelo período em que ficou aplicado, o dinheiro multiplicou-se 150 vezes, resultando no total de R$ 315.000,00.

— Que coisa estanha, amigos – disse a Irmã Josefa, meio atordoada, sem entender, mas sabendo que tudo que ouvira era verdadeiro.

— É realmente estranho, amiga. É uma história longa, que vou contar a você aos poucos. Mas, para que você tenha uma ideia sobre a valorização das criptomoedas, em 2012, um Bitcoin valia US$ 12,00. Quem comprou naquela época e guardou, em 2016 já tinha US$ 1.000,00; em 2020, US$ 29.446; e em 2024, US$ 69.000,00. Foi dessa forma que o seu dinheiro se valorizou tanto.

Em seguida, o casal entregou um cartão, no qual estava depositada aquela quantia, para que a amiga desse o destino que considerasse melhor.

FIM.